MONDE E

L'Espace

Christopher Maynard

NATHAN

Sommaire

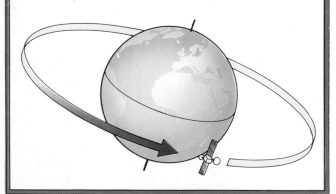

Un vieux rêve

Pendant très longtemps, les hommes ont rêvé d'aller sur la Lune.

Le rêve est devenu réalité, il y a un peu plus de 25 ans, lorsque deux astronautes américains ont posé pour la première fois le pied sur la Lune. Depuis, d'autres astronautes l'ont explorée. Des vaisseaux spatiaux automatisés ont aussi réalisé des missions vers d'autres planètes pour tenter de percer leurs secrets.

Dans l'espace

Un vaisseau spatial ne peut être envoyé dans l'espace que propulsé par une fusée au sommet de laquelle il est arrimé. On utilise des fusées faute d'avions assez rapides et puissants pour s'éloigner de la Terre. De plus, les moteurs de fusée sont spécialement conçus pour fonctionner dans l'espace, hors de l'atmosphère.

OÙ COMMENCE L'ESPACE ?

Tout autour de la Terre s'étend une épaisse couche d'air, l'atmosphère. Plus on s'éloigne, plus l'air se fait rare et, à près de 100 km d'altitude, commence l'espace. Là, il n'y a ni air ni vent ni ciel bleu, seulement une étendue noire. Les rayons du soleil y sont très chauds mais dès que l'on est à l'ombre, il fait très froid.

La gravité

La Terre attire tout vers elle avec une très grande force, la gravité. C'est ce que l'on appelle l'attraction terrestre. Pour se soustraire à cette force, il faut utiliser une très grosse fusée dont la poussée sera supérieure à l'attraction terrestre.
Les fusées atteignent 40 000 km/h.

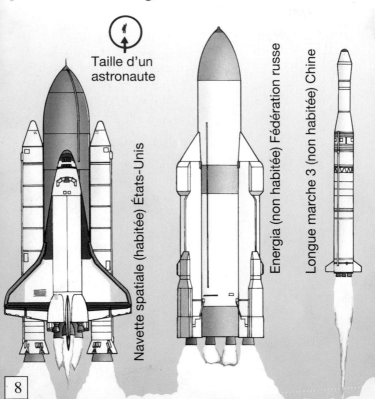

Taille d'un astronaute

Navette spatiale (habitée) États-Unis

Energia (non habitée) Fédération russe

Longue marche 3 (non habitée) Chine

▷ Une fusée se compose de deux ou trois étages. Lorsque chaque étage a consommé son carburant, il se détache et seul le dernier étage continue son voyage dans l'espace pour lancer un satellite. Certaines fusées emmènent des hommes à bord, on dit alors qu'il s'agit d'un vol habité. D'autres sont entièrement automatisées et non habitées.

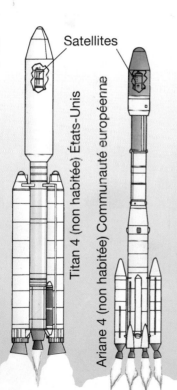

Satellites

Titan 4 (non habitée) États-Unis

Ariane 4 (non habitée) Communauté européenne

◁ Plusieurs pays disposent de fusées puissantes et efficaces. Mais seuls les Américains possèdent une navette spatiale réutilisable. Elle décolle à l'aide d'une fusée et revient dans l'atmosphère après son voyage en planant. Puis elle se pose sur une piste, comme un avion.

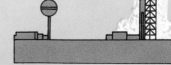

La navette spatiale

Les fusées coûtent très cher et ne peuvent servir qu'une fois. La navette spatiale a été conçue comme un avion de l'espace, réutilisable après chaque vol. Les moteurs (ou boosters) de la fusée de propulsion sont aussi récupérés. Seul le réservoir de carburant est perdu.

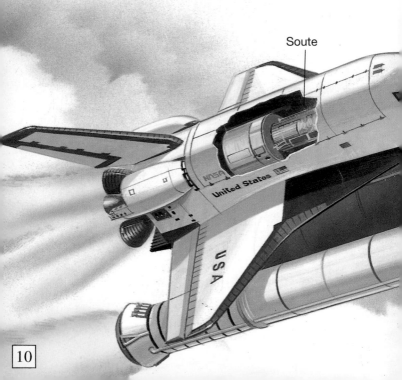

Soute

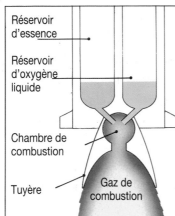

Réservoir d'essence	**UN MOTEUR DE FUSÉE**
Réservoir d'oxygène liquide	Les fusées se propulsent avec de l'oxygène liquide et de l'essence.
Chambre de combustion	Les deux carburants sont injectés et enflammés dans la chambre de combustion. Il se forme des gaz très chauds qui sont expulsés dans la tuyère et qui poussent la fusée.
Tuyère	Gaz de combustion

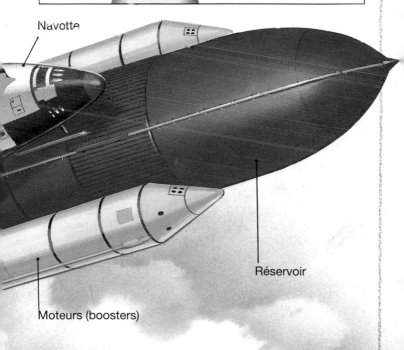

Navette

Réservoir

Moteurs (boosters)

À bord de la navette

La principale mission des astronautes est de placer un satellite sur orbite. La soute de la navette, aussi grande qu'un camion, peut en contenir plusieurs. Ils pourront être lancés lors du même vol.
Pour d'autres missions, la navette est utilisée comme laboratoire où des scientifiques réalisent des expériences.

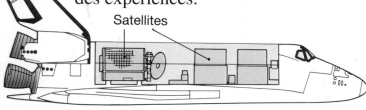

Satellites

Au cours de certains vols, la navette récupère dans l'espace un satellite pour le réparer, puis elle le replace sur son orbite.

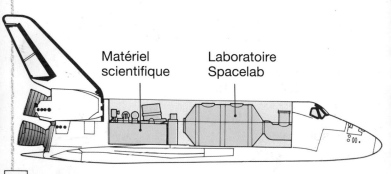

Matériel scientifique

Laboratoire Spacelab

LE VOL DE LA NAVETTE

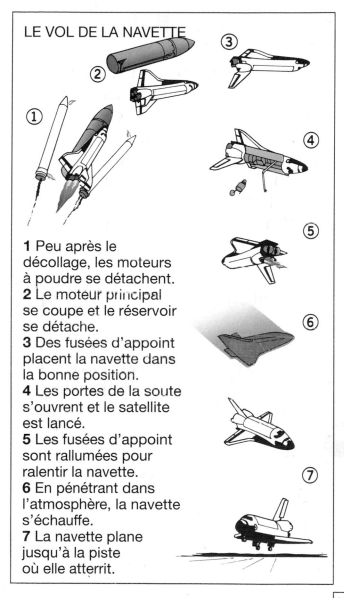

1 Peu après le décollage, les moteurs à poudre se détachent.

2 Le moteur principal se coupe et le réservoir se détache.

3 Des fusées d'appoint placent la navette dans la bonne position.

4 Les portes de la soute s'ouvrent et le satellite est lancé.

5 Les fusées d'appoint sont rallumées pour ralentir la navette.

6 En pénétrant dans l'atmosphère, la navette s'échauffe.

7 La navette plane jusqu'à la piste où elle atterrit.

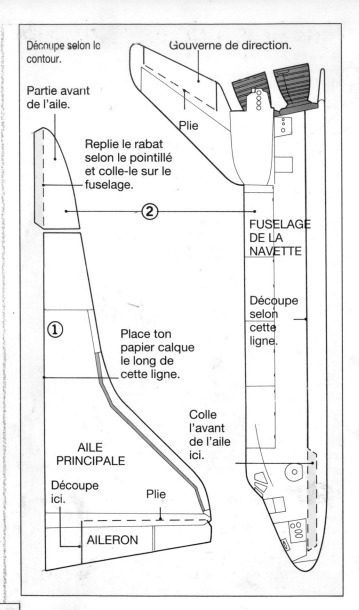

Découpe selon le contour.

Gouverne de direction.

Partie avant de l'aile.

Replie le rabat selon le pointillé et colle-le sur le fuselage.

Plie

②

FUSELAGE DE LA NAVETTE

①

Place ton papier calque le long de cette ligne.

Découpe selon cette ligne.

AILE PRINCIPALE

Colle l'avant de l'aile ici.

Découpe ici.

Plie

AILERON

Fabrique une navette

Voici un plan et des conseils pour que tu te fabriques une maquette de la navette spatiale.

Tu auras besoin de papier calque, de carton, de ciseaux, de scotch, de colle et de trombones.

1 Place le papier calque plié en deux sur l'aile (page 14). Trace le contour de l'aile. Ouvre ton papier calque et reproduis l'aile pour obtenir les deux parties symétriques.

2 Reproduis de la même manière l'avant de l'aile.
Maintenant, place ton calque sur le fuselage et dessine-le.

3 Fixe ton calque sur le carton et découpe toutes les parties selon le tracé. Découpe une fente dans le fuselage comme indiqué. Découpe les côtés de la gouverne de direction et plie-la pour qu'elle puisse bouger. Fais de même avec les ailerons de l'aile.

4 Glisse l'aile dans la fente du fuselage et fixe-la avec du scotch. Fixe la partie avant de l'aile sur le fuselage.

5 Décore ta navette et place un trombone à l'avant pour la lester. Bon vol !

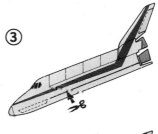

③

④

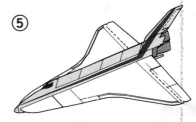

⑤

Les satellites

Lorsqu'un satellite est lancé dans l'espace, il décrit toujours la même trajectoire en forme de cercle autour de la Terre. Cette trajectoire s'appelle une orbite.

Les satellites ont différents usages. Certains aident à faire des prévisions météo en photographiant les déplacements des nuages. D'autres retransmettent les programmes télévisés ou les conversations téléphoniques d'un continent à l'autre. Certains satellites permettent ainsi aux bateaux de repérer leur position en mer.

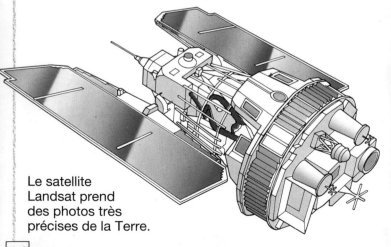

Le satellite Landsat prend des photos très précises de la Terre.

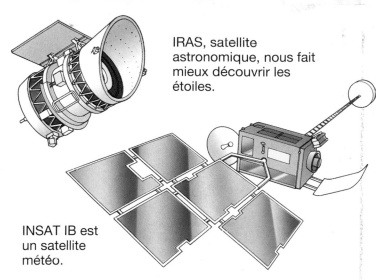

IRAS, satellite astronomique, nous fait mieux découvrir les étoiles.

INSAT IB est un satellite météo.

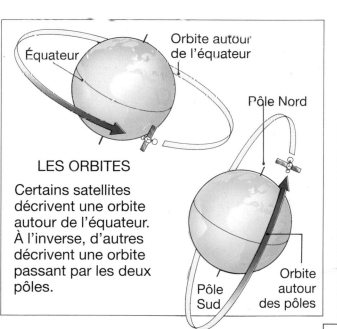

Équateur

Orbite autour de l'équateur

Pôle Nord

LES ORBITES

Certains satellites décrivent une orbite autour de l'équateur. À l'inverse, d'autres décrivent une orbite passant par les deux pôles.

Pôle Sud

Orbite autour des pôles

17

Sur la Lune

En juillet 1969, pour la première fois des astronautes ont marché sur la Lune. Deux ans plus tard, une autre mission s'y déplace avec une Jeep lunaire, le véhicule le plus cher de l'histoire : 300 millions de francs !

Module lunaire

Jeep lunaire

LE VOYAGE VERS LA LUNE
Les astronautes ont été lancés dans une fusée de la taille d'un gratte-ciel et sont revenus dans une capsule de la taille d'une petite voiture !

Orbite terrestre

Terre

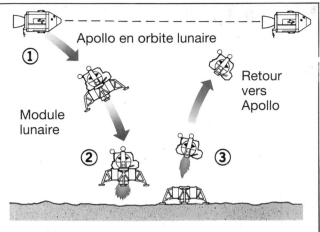

Apollo en orbite lunaire

①

Module
lunaire

Retour
vers
Apollo

② ③

1 Les astronautes américains sont allés sur la Lune dans le vaisseau Apollo.
2 Le module lunaire leur a permis de se poser sur la Lune.
3 Seule la partie supérieure du module lunaire a rejoint le vaisseau Apollo.

Le voyage vers la Lune
a duré 3 jours.

Orbite
lunaire

La distance Terre/Lune est
de 385 000 km ; soit 10 fois
le tour de la Terre.

Lune

Les astronautes

Les hommes et les femmes qui vont dans l'espace sont appelés astronautes par les Américains et cosmonautes par les Russes, bien qu'il n'y ait pas de différence.

Pour s'entraîner à travailler dans l'espace, les astronautes répètent leurs mouvements en piscine ou dans des simulateurs.

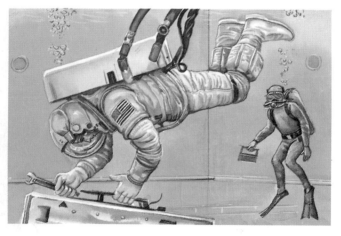

△ Dans une piscine, les astronautes retrouvent des conditions proches de la sensation d'apesanteur.

▷ Voici la combinaison que doit porter un astronaute sur la Lune.

LA COMBINAISON SPATIALE

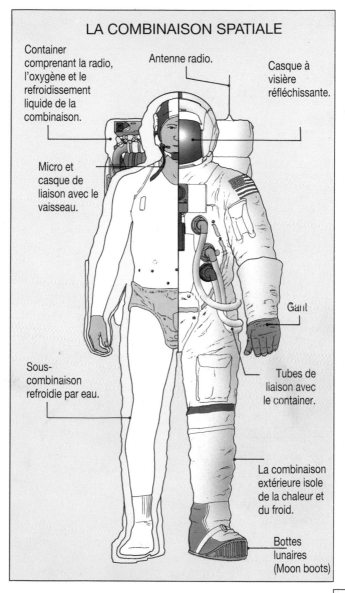

Container comprenant la radio, l'oxygène et le refroidissement liquide de la combinaison.

Antenne radio.

Casque à visière réfléchissante.

Micro et casque de liaison avec le vaisseau.

Gant

Sous-combinaison refroidie par eau.

Tubes de liaison avec le container.

La combinaison extérieure isole de la chaleur et du froid.

Bottes lunaires (Moon boots)

Vivre dans l'espace

La première chose à laquelle un astronaute doit s'habituer dans l'espace, c'est l'apesanteur. En apesanteur, il ne ressent pas son poids et, dès qu'il détache la ceinture de son siège, il flotte. Il peut marcher sur les parois verticales et dormir au plafond !

Dans la station spatiale russe Mir, représentée ci-dessous, les équipages font des séjours de plusieurs mois. Régulièrement, des vaisseaux spatiaux viennent les ravitailler depuis la Terre.

△ Boire ou se laver dans l'espace, ce n'est pas très simple ! Les liquides flottent en l'air comme des bulles ! Pour boire, les astronautes doivent aspirer avec une paille les boissons contenues dans une boîte.

▽ Il est impossible de marcher dans l'espace, les pieds ne reposent pas sur le sol. Il faut avancer en l'air presque comme en nageant. Mais quand les astronautes veulent rester sur place pour une tâche précise, ils mettent des chaussures à ventouses.

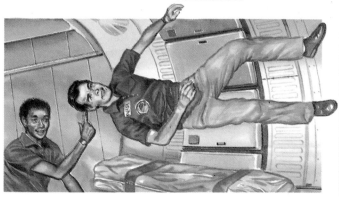

La station spatiale

La station spatiale russe Mir est bien plus grande qu'un vaisseau spatial. Elle est conçue pour que les cosmonautes puissent y séjourner longtemps et réaliser des expériences scientifiques.

CONSTRUIS UNE STATION SPATIALE

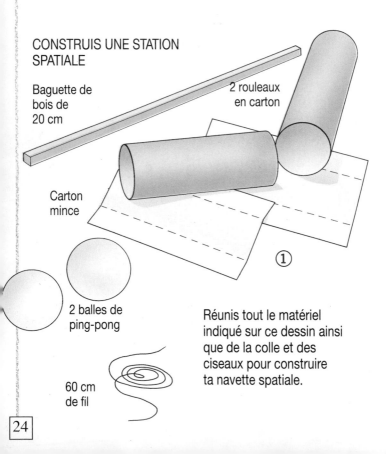

Baguette de bois de 20 cm

2 rouleaux en carton

Carton mince

①

2 balles de ping-pong

60 cm de fil

Réunis tout le matériel indiqué sur ce dessin ainsi que de la colle et des ciseaux pour construire ta navette spatiale.

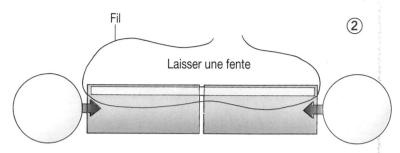

②

Fil

Laisser une fente

1 Plie selon les pointillés tes deux feuilles de carton pour faire les panneaux solaires.
2 Passe ton fil à travers les deux rouleaux et colle ta baguette de bois à l'intérieur des deux rouleaux. Laisse une petite fente entre eux. Colle les balles de ping-pong à l'extrémité des rouleaux.
3 Glisse les deux panneaux solaires dans la fente et fixe-les.

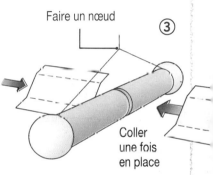

Faire un nœud

③

Coller une fois en place

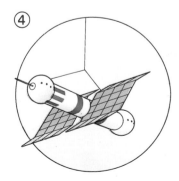

④

4 Peins ta station spatiale en argenté et les panneaux en noir. Elle ressemblera à une vraie. Fais un nœud au fil et suspends-la.

25

Sondes d'exploration

Les satellites tournent autour de la Terre mais d'autres engins sont envoyés dans l'espace pour explorer les planètes. Ce sont des sondes spatiales. Elles peuvent voyager pendant des années avant d'atteindre leur objectif et de renvoyer des informations vers la Terre.

La sonde Venera

La sonde russe Venera nous a appris que la température sur Vénus était de 450 °C et que la pression de l'air était 100 fois supérieure à celle existant sur la Terre.

LES EFFETS DE LA PRESSION DE L'AIR

Tu ne peux pas ressentir la pression de l'air car elle se répartit sur tout ton corps. Sur Vénus, tu serais complètement écrasé comme va l'être cette bouteille. Cette expérience te montrera la puissance de la pression.

1 Trouve une bouteille en plastique fermant avec un bouchon à vis. Demande à un adulte de la remplir d'eau très chaude. Demande-lui ensuite de vider la bouteille. Ferme-la vite avec le bouchon.

① ②

2 Fais couler de l'eau bien froide sur la bouteille : elle s'écrase sur elle-même. En effet, en se refroidissant, la pression de l'air à l'intérieur de la bouteille devient plus faible qu'à l'extérieur.

Vers d'autres planètes

En 1976, deux sondes Viking se sont posées sur Mars pour en explorer le sol et le relief. Elles ont rapporté des photos qui montraient une planète désertique et sans aucun signe de vie. D'autres sondes ont été envoyées vers Vénus, Mercure, Jupiter, Saturne, Uranus et Neptune.

Voici la partie de Viking restée en orbite autour de Mars pour prendre des photos.

L'autre partie de Viking s'est posée sur Mars pour rapporter des échantillons du sol et rechercher des signes de vie.

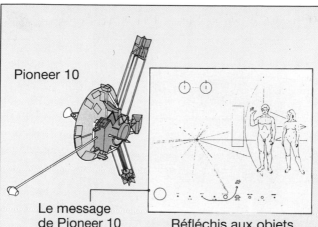

Pioneer 10

Le message
de Pioneer 10

Réfléchis aux objets
que tu enverrais dans
l'espace et mets-les
dans une boîte. Essaie
de trouver ce qui nous
représente le mieux.

Deux sondes
spatiales
américaines, Pioneer
10 et 11, sont
actuellement en route
vers d'autres
planètes lointaines.
À bord, on a inscrit
un message indiquant
d'où viennent ces
sondes et à quoi
ressemblent les
hommes qui les ont
lancées. Si elles
rencontrent d'autres
êtres vivants, elles
les informeront
de notre existence.

Index

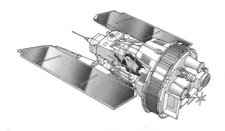